This Book Belongs to :

....

MERRY CHRISTMAS

MERRY CHRISTMAS

MERRY CHRISTMAS

MERRY CHRISTMAS

MERRY CHRISTMAS

MERRY CHRISTMAS

MERRY CHRISTMAS

MERRY CHRISTMAS

MERRY CHRISTMAS

MERRY CHRISTMAS

MERRY CHRISTMAS

MERRY CHRISTMAS

MERRY CHRISTMAS

MERRY CHRISTMAS

MERRY CHRISTMAS

MERRY CHRISTMAS

MERRY CHRISTMAS

MERRY CHRISTMAS

MerrY ChristMas

MERRY CHRISTMAS

MERRY CHRISTMAS

MERRY CHRISTMAS

MERRY CHRISTMAS

MERRY CHRISTMAS

MERRY CHRISTMAS

MERRY CHRISTMAS

MERRY CHRISTMAS

MERRY CHRISTMAS

MERRY CHRISTMAS

MERRY CHRISTMAS

MERRY CHRISTMAS

MERRY CHRISTMAS

MERRY CHRISTMAS

MERRY CHRISTMAS

MERRY CHRISTMAS

MERRY CHRISTMAS

MERRY CHRISTMAS

MERRY CHRISTMAS

MERRY CHRISTMAS

MERRY CHRISTMAS

MERRY CHRISTMAS

MERRY CHRISTMAS

Greetings

MERRY CHRISTMAS

MERRY CHRISTMAS

MERRY CHRISTMAS

MERRY CHRISTMAS

MERRY CHRISTMAS

MERRY CHRISTMAS

MERRY CHRISTMAS